Vente du Lundi 18 Janvier 1875,

SALLE Nº 1.

COLLECTION

DE

FEU M. EDWIN CLIFF

DE SAINT-QUENTIN

TABLEAUX

OBJETS D'ART

COMMISSAIRE-PRISEUR:

Mᵉ CHARLES PILLET,

EXPERTS:

M. FÉRAL, Peintre | M. CHARLES MANNHEIM

CATALOGUE

DE

TABLEAUX

ANCIENS & MODERNES

DESSINS, AQUARELLES, MARBRES & OBJETS D'ART

FORMANT LA COLLECTION

De feu M. EDWIN CLIFF, de Saint-Quentin

DONT LA VENTE AURA LIEU

HOTEL DROUOT, Salle n° 1

Le Lundi 18 Janvier 1875

A deux heures.

———

COMMISSAIRE-PRISEUR :

Mᵉ CHARLES PILLET, 10, rue de la Grange-Batelière.

EXPERTS :

Pour les Tableaux :	Pour les Objets d'Art :
M. FÉRAL, Peintre,	**M. CHARLES MANNHEIM,**
23, rue de Buffault.	7, rue Saint-Georges.

Chez lesquels se trouve le présent Catalogue.

———

EXPOSITIONS
PARTICULIÈRE : le Samedi 16 Janvier 1875.
PUBLIQUE : le Dimanche 17 Janvier 1875.

CONDITIONS DE LA VENTE.

Elle sera faite au comptant.

Les adjudicataires payeront *cinq pour cent* en sus des enchères.

Paris. Imp. de Fillet fils aîné, rue des Grands-Augustins, 5.

DÉSIGNATION

TABLEAUX ANCIENS

ABTSHOVEN

(THÉODORE VAN)

1 — Kermesse.

Dans un paysage, devant la porte d'une hôtellerie flamande, un homme, monté sur un tonneau, joue de la cornemuse et fait danser de nombreux villageois.

Toile. Haut., 140 cent.; larg., 208 cent.

ACKER

2 — Objets inanimés.

Un citron entamé et une orange dans un plat d'argent; une grenade, une coupe renversée, un coquillage monté, un verre de Venise, le tout posé auprès d'un riche tapis de Turquie jeté sur une console. Signé.

Toile. Haut., 65 cent.; larg., 55 cent.

ARTOIS

(JACQUES VAN)

3 — Paysage accidenté.

Des villageois sont arrêtés au bord d'un chemin creux ombragé par de grands arbres.

Bois. Haut., 18 cent.; larg., 24 cent.

BERGEN

(DIRCK VAN)

4 — Bergers et leurs troupeaux.

Dans un beau paysage montagneux et boisé, un homme monté sur un cheval blanc cause avec une bergère assise à la porte d'une chaumière; autour d'eux, des bœufs, des vaches et des moutons.

Important tableau de cet artiste.

Toile. Haut., 76 cent.; larg., 96 cent.

BERGHEM

(Attribué à NICOLAS)

5 — Animaux dans un paysage.

Deux vaches, des chèvres et des moutons dans un paysage boisé sur la droite et coupé vers le fond par un cours d'eau.

Bois. Haut., 30 cent.; larg., 41 cent.

BERGHEM
(D'après NICOLAS)

6 — Berger conduisant des bestiaux.

Dans un chemin creusé sous des rochers, deux pâtres, dont un est monté sur un âne, chassent devant eux trois vaches et un troupeau de moutons.

Bois. Haut., 30 cent.; larg., 42 cent.

BUSSCKOP
(A.)

7 — Vase de marbre et fleurs dans un paysage.

Toile. Haut., 154 cent.; larg., 135 cent.

CRAYER
(GASPARD DE)

8 — Tête d'homme avec barbe blonde.

Étude marouflée.

Haut., 41 cent.; larg., 30 cent.

DELEN
(THIERRY VAN)

9 — Intérieur d'un palais.

Des dames et des seigneurs se promènent; d'autres chantent ou pincent de la mandoline.

[Bois. Haut., 82 cent.; larg., 130 cent.

DELEN

(THIERRY VAN)

AVEC FIGURES ATTRIBUÉES A

POELENBURG

10 — Monument en ruine.

Un anachorète est en prière; de petits anges volti-
gent au-dessus de lui et jouent de différents instru-
ments.

Signé du monogramme et daté 1655.

Bois. Haut., 56 cent.; larg., 65 cent.

DUTAILLY

(DEUX PENDANTS — GOUACHES)

11 — Le Départ et le Retour.

Dans le premier, un jeune soldat part pour rejoindre
son régiment; un vieillard et une jeune fille veulent le
retenir. Dans le second, le même personnage est rentré
blessé; il meurt dans les bras de la jeune fille, laissant
près de lui un drapeau pris à l'ennemi.

Ces deux gouaches sont signées en toutes lettres et
datées de l'an II.

Haut., 31 cent.; larg., 24 cent.

DYCK
(D'après ANTOINE VAN)

12 — Portrait d'une religieuse.

Copie ancienne du tableau qui est au musée du Louvre.

Toile. Haut., 103 cent.; larg., 62 cent.

FLINCK
(GOVERT)

13 — Portrait d'homme.

Vu jusqu'à la ceinture; tête nue, de trois quarts, tournée vers la droite; cheveux gris, barbe légère, petite moustache; vêtement noir recouvert d'un ample manteau.

Bois. Haut., 42 cent.; larg., 36 cent.

FRANQUELIN
(JEAN AUGUSTIN)

14 — Le Départ.

Une jeune femme, tenant son enfant, est agenouillée devant la fenêtre d'une ancienne abbaye en ruine donnant sur la mer; les yeux mouillés de larmes, elle regarde un navire qui fuit à l'horizon.

Toile. Haut., 40 cent.; larg., 46 cent.

GRIFF

(ADRIEN)

(DEUX PENDANTS)

15 — Sujets de chasse.

Dans de charmants paysages, des chasseurs se reposent ayant auprès d'eux leurs chiens ; de nombreuses pièces de gibier sont jetées à terre, au pied d'un arbre, près de monuments en ruine au bord d'un cours d'eau.
Signés en toutes lettres.

Toile. Haut., 45 cent.; larg., 58 cent.

HUBERT ROBERT

(DEUX PENDANTS)

16 — 1° Intérieur de parc avec canal et terrasse.

Sur le devant, un homme, deux vaches et un chien.

2° L'incendie de l'Hôtel-Dieu de Paris, 1777.

Bois ovales. Haut., 34 cent.; larg., 28 cent.

HUE

(JEAN-BAPTISTE)

17 — Le Calme.

Le soleil disparaît à l'horizon dans une brume dorée,

jetant ses derniers rayons sur la mer; à droite, de grands rochers et une tour crénelée; à gauche, des pêcheurs se reposent, regardant le soleil couchant; l'un d'eux se dispose à lancer ses filets.

Signé en toutes lettres et daté 1818.

Toile. Haut., 180 cent.; larg., 247 cent.

HUE

(JEAN-BAPTISTE)

(PENDANT DU PRÉCÉDENT)

18 — La Tempête.

Le ciel est sombre, la foudre éclate sur la gauche; à droite, un navire s'est brisé contre un rocher; des pêcheurs, dans un canot, viennent secourir les naufragés.

Signé en toutes lettres et daté 1818.

Toile. Haut., 180 cent.; larg., 247 cent.

HUYSMANS

(CORNEILLE, dit DE MALINES.)

19 — Paysage accidenté.

Au premier plan, une mare où des bergers ont conduit leurs bestiaux se désaltérer; à droite, des arbres sur des monticules vivement éclairés par le soleil.

Toile. Haut., 60 cent.; larg., 71 cent.

HUYSUM

(JEAN VAN)

20 — Paysage.

Des chasseurs poursuivant des sangliers.

Toile. Haut., 40 cent.: larg., 55 cent.

HONDEKOETER

(D'après MELCHIOR)

21 — Oiseaux morts.

Un héron, une oie, des canards et autres oiseaux
suspendus ou jetés au pied d'un arbre.

Toile. Haut., 177 cent.; larg., 133 cent.

KESSEL

(JEAN VAN, le Hollandais)

22 — Paysage hollandais.

Un chemin bordé de grands arbres où se reposent
un villageois et sa femme; un cavalier y passe, suivi
de son chien; à gauche, une femme lave du linge dans
un cours d'eau, deux hommes montés dans un canot
pêchent à la ligne; un peu plus loin, un pont-levis
devant une construction en briques.

Toile. Haut., 72 cent.; larg., 105 cent.

KLOMP

(ALBERT)

23 — Animaux dans un paysage.

Deux vaches, des chèvres et des moutons au repos
dans une prairie.

Toile. Haut., 15 cent.; larg., 31 cent.

MARIESCHI

(JACQUES)

c 24 — Vue de Venise.

Au premier plan, le quai des Esclavons animé par
quelques figures; de nombreuses gondoles sont amar-
rées sur le bord.

Toile. Haut., 18 cent.; larg., 24 cent.

MEURANT

(EMMANUEL)

25 — Paysage avec chaumières.

Des saules au tronc noueux couvrent un talus au
pied duquel passe un cours d'eau; un peu plus loin, un
bateau amarré et un pont de bois; à droite, une
chaumière au bord d'un chemin.

Bois. Haut., 25 cent.; larg., 32 cent.

MIERIS

(Attribué à FRANÇOIS)

26 — Jeune femme à sa toilette.

Vue à mi-jambes, assise devant sa toilette, la figure
de profil, tournée vers la gauche; un fichu blanc sur
sa tête, noué sous le menton; elle porte un manteau en
velours rouge doublé d'hermine et un jupon de soie
bleue.

Bois. Haut.. 22 cent.; larg., 17 cent.

MIERIS

(Attribué à)

27 — L'Épicière hollandaise. — Effet de lumière.

Vue à mi-corps, debout, devant son étal, elle tient
des balances de la main droite, et prend avec la gauche
des marrons rôtis dans une grande corbeille; un jeune
garçon, auprès d'elle, prépare son tablier pour les
recevoir; à droite est suspendue une botte d'oignons,
sur le devant sont posés quelques harengs.

Bois. Haut., 24 cent.; larg., 19 cent.

MOLENAER

(JEAN)

28 — Kermesse flamande.

De nombreux villageois causent, rient et boivent,
assis autour d'une table; au centre, une jeune femme

est courtisée par deux galants; deux musiciens jouant du violon et de la cornemuse font danser un jeune couple; dans le fond, quelques maisons, un moulin et une tour au sommet d'une colline.

Très-beau et important tableau où l'on compte près de quarante figures.

Bois. Haut. 60 cent.; larg., 93 cent.

MOLENAER

(JEAN)

29 — Rivière en Hollande.

De vieilles maisons en briques avec toit de chaume sont entourées d'arbres et construites au bord d'une rivière; des pêcheurs, dans un canot, viennent de retirer leurs filets.

Bois. Haut., 44 cent.; larg., 55 cent.

MOLENAER

(JEAN)

30 — Les Dunes de Scheveningen.

Des pêcheurs avec leurs femmes sont groupés au premier plan, occupés à vendre leurs poissons; à droite, on aperçoit quelques maisons au-dessus desquelles s'élève le clocher d'une église.

Signé du monogramme.

Bois, Haut., 14 cent.; larg., 20 cent.

MOLYN

(PIERRE)

31 — Vue de Hollande.

Une rivière ; sur le bord, à droite, de grands arbres et un chemin avec petit pont en briques passant sur un ruisseau ; au premier plan, trois vaches près d'un barrage où des pêcheurs ont placé des paniers à poissons.

Bois. Haut., 70 cent. ; larg., 115 cent.

MOUCHERON

(FRÉDÉRIC)

32 — Intérieur de parc.

Au premier plan, une dame et un seigneur ont quitté leurs montures et se disposent à gravir un large escalier orné de vases et de statues ; vers le fond, à droite, un groupe causant au bord d'un canal où se baignent des cygnes.

Important tableau de l'artiste.

Toile. Haut., 174 cent.; larg., 143 cent.

OSTADE

(ADRIEN VAN)

33 — Le grivois flamand.

Il est adossé à une fenêtre qu'une vigne orne de son

feuillage; vu jusqu'à la ceinture, coiffé d'un chapeau mou haut de forme, la figure de trois quarts tournée vers la droite, il porte un gilet rougeâtre avec manches grises et tient à la main droite un pot d'étain.

Signé en toutes lettres.

Ce tableau a été gravé par Chenu sous le titre ci-dessus; il est d'une exécution large et d'une couleur chaude et dorée.

Bois. Haut., 28 cent.; larg., 13 cent.

PANNINI

(JEAN-PAUL)

(DEUX PENDANTS)

34 — Monuments en ruine avec personnages.

Charmants petits tableaux de ce maître.

Toile. Haut., 41 cent.; larg., 29 cent.

POELENBURG

(CORNEILLE)

35 — Nymphes et faunes.

Dans un charmant paysage avec rochers surmontés de quelques constructions en ruine, sept jeunes nymphes sont groupées au premier plan, regardant, vers le fond, une de leurs compagnes qui danse avec un faune.

Bois. Haut., 36 cent.; larg., 16 cent.

PYNACKER

(ADAM)

36 — Animaux dans un paysage.

> Deux chèvres auprès d'un arbre renversé; un peu plus loin, un homme debout, appuyé sur un âne; une vache et un mouton au bord d'une mare; au second plan, une tour en ruine dans l'intérieur de laquelle on aperçoit un villageois; à droite, un bouquet d'arbres se détachant sur un ciel doré; montagnes à l'horizon.
> Signé en toutes lettres.

Toile. Haut., 41 cent.; larg., 52 cent.

REMBRANDT

(École de)

37 — Femme lisant.

> Dans un intérieur, une femme âgée, assise dans un fauteuil, tient sur ses genoux un livre volumineux dont elle tourne les feuillets; au fond, on aperçoit une niche où sont un Christ et une tête de mort.

Bois. Haut., 53 cent.; larg., 43 cent.

ROOS DE TIVOLI

(DEUX PENDANTS)

38 — Chèvres, chevreaux et chiens dans des paysages.

Toiles. Haut., 74 cent.; larg., 57 cent.

RUBENS

(Attribué à P. P.)

39 — Chasse au taureau.

Belle esquisse inachevée.

Bois. Haut., 43 cent ; larg., 95 cent.

RUBENS

(École de P. P.)

40 — Portrait de jeune femme.

En buste, la figure de trois quarts tournée vers la gauche, elle porte une large collerette à tuyaux.
On lit sur le fond : *Aetatis* 25, *anno* 1617.

Bois. Haut., 50 cent.; larg., 40 cent.

RUYSDAEL

(JACQUES)

41 — Cours d'eau traversant un bois.

Un berger traverse le cours d'eau, chassant devant lui un petit troupeau de moutons qui se dirige vers la droite ; un arbre au tronc noueux s'élève au-dessus d'un taillis ; les branches se détachent sur un ciel nuageux ; à gauche, quelques saules.
Signé du monogramme.

Bois. Haut., 24 cent.; larg., 34 cent.

SALVATOR ROSA

(École de)

(DEUX PENDANTS)

42 — Batailles.

Dans l'un, des cavaliers s'attaquent vivement au bord d'une rivière qui entoure une enceinte fortifiée.

Dans l'autre, des cavaliers se livrent un combat acharné près d'un pont surmonté d'une tour crénelée.

Toile. Haut., 41 cent.; larg., 83 cent.

SLINGELAND

(Attribué à P. V.)

43 — Portrait d'homme.

Vu à mi-corps, la tête de trois quarts ; vêtement noir avec large col en guipure.

Bois. Haut., 26 cent.; larg., 15 cent.

SNYDERS & JORDAENS

44 — Le Marchand de poissons.

Des phoques, des anguilles, des crabes et autres nombreux poissons de mer jetés sur une table; au-dessous, des coquillages, des raies et des harengs; des tranches de saumon suspendues à des crochets. A

droite, Jordaens a réuni un groupe de huit personnages éclairés par un fanal ; au centre, est un jeune
homme achetant un poisson ; on croit que l'artiste
a voulu représenter le jeune Tobie, malgré le peu de
rapport de cette composition avec le sujet de l'his-
toire sainte.

Ce tableau, par son importance, sa pureté et son
exécution, peut figurer à côté des plus belles œuvres
connues de ces deux maîtres.

Toile. Haut., 225 cent.; larg., 310 cent.

TERBURG

(D'après GÉRARD)

45 — Portrait de jeune femme.

Elle est debout, vue jusqu'aux genoux, la tête de
trois quarts, les cheveux frisés, vêtue d'une robe noire ;
elle prend avec la main gauche une montre posée
sur une table.

Toile. Haut., 40 cent.; larg., 31 cent.

TENIERS

(DAVID)

46 — Paysage. Effet de soleil couchant.

Sur le devant, un homme en veste rouge traîne une
brouette ; à gauche, une femme debout sur la porte de
sa maison.

Signé du monogramme.

Bois. Haut., 23 cent.; larg., 33 cent.

TENIERS
(DAVID)

47 — Le Château de Teniers.

L'artiste s'est représenté au premier plan avec sa femme, se disposant à monter dans un canot.

Ce tableau que nous croyons bien authentique du maître est malheureusement endommagé et en partie couvert de restaurations.

Signé du monogramme.

Toile. Haut., 115 cent.; larg., 160 cent.

TENIERS
(Attribué à DAVID)

48 — La Diseuse de bonne aventure.

Dans un beau paysage avec monticule boisé à gauche et champ de blé sur la droite, des bohémiennes sont arrêtées sur le bord d'un chemin; l'une d'elles tient la main d'un gentilhomme et lui dit la bonne aventure; un petit valet, derrière lui, porte son épée.

Toile. Haut., 165 cent.; larg., 240 cent.

TENIERS
(Attribué à DAVID)

49 — Un Buveur.

Debout, vu à mi-corps, il tient sa pipe de la main droite et un verre de la gauche.

Bois. Haut., 21 cent.; larg., 15 cent.

TENIERS

(D'après DAVID)

50 — Villageois flamand.

Trois villageois causent, arrêtés devant la porte
d'une maison couverte de chaume.

Bois. Haut., 24 cent.; larg., 17 cent.

VERBRUGGEN

(GASPARD)

(DEUX PENDANTS)

51 — L'Été et l'Hiver.

Dans le premier, des amours tressent des guirlandes
de fleurs. Dans le second, deux amours soufflent le
feu; un troisième, enveloppé d'une peau de tigre,
patine sur un lac glacé; au centre, des fruits et des
légumes entourent une statue du dieu Pan.

Beaux panneaux décoratifs.

Signés en toutes lettres.

Toile. Haut., 155 cent.; larg., 190 cent.

VERNET

(CLAUDE-JOSEPH)

52 — Port de mer.

Au premier plan, des personnages orientaux, de s

pêcheurs et leurs femmes se reposent sur le quai auprès de quelques ballots jetés à terre ; à droite, s'élève une riche construction avec terrasse ; au second plan, un phare ; à gauche, un navire de guerre, les voiles déployées, se disposant à partir.

Toile. Haut., 120 cent.; larg., 195 cent.

VLIEGER

(Genre de SIMON)

53 — Plage à marée basse.

Au premier plan, des pêcheurs vendent leurs poissons pendant que d'autres préparent leurs bateaux ; à droite, des rochers surmontés d'une vieille tour.

Ce tableau porte le monogramme **S. B.**

Bois. Haut., 52 cent.; larg., 82 cent.

WATERLOO

(ANTOINE)

54 — Paysage coupé par un cours d'eau.

Au centre, un bouquet d'arbres ; au bord d'un chemin, passent une femme et un enfant suivis de leur chien ; à gauche, des arbres renversés et un homme assis tenant une faux ; à droite, un château-fort au bord d'un cours d'eau traversé par un pont de bois.

Charmant paysage rappelant les œuvres de Jacques Ruysdaël ; les figures, très-finement touchées, paraissent être de Ph. Wouwerman.

Toile. Haut., 55 cent.; larg., 74 cent.

WATERLOO

(ANTOINE)

55 — Site hollandais.

Sur le devant, une rivière fuyant vers la gauche; à
droite, quelques vieux arbres au tronc noueux s'élè-
vent au-dessus d'un monticule; un homme debout
pêche à la ligne; à gauche, un autre personnage, monté
dans un bateau, prépare ses hameçons.
Signé en toutes lettres.

Toile. Haut., 46 cent.; larg., 33 cent.

WATTEAU

(LOUIS, dit WATTEAU DE LILLE)

56 — Fête champêtre.

Des villageois sont rassemblés devant une chaumière;
deux musiciens, sur un tonneau, jouent de leurs ins-
truments; un homme et une femme dansent en se tenant par la main; d'autres villageois, assis autour
d'une table, les regardent en prenant leur repas.
Tableau intéressant de l'artiste, signé en toutes
lettres et daté 1797.

Bois. Haut., 29 cent.; larg., 39 cent.

WEENIX

(JEAN)

57 — Intérieur de parc.

Une femme, vêtue d'une jupe de satin blanc et d'un corsage bleu, se dispose à monter à cheval ; un cavalier, sur la gauche, vient la rejoindre ; des valets avec leurs chiens se reposent, assis auprès d'un piédestal surmonté d'un vase de marbre.

Toile. Haut., 38 cent.; larg., 43 cent.

WILDENS

(JEAN)

58 — Paysage montueux.

Un cours d'eau ; deux villageois pêchent à la ligne ; à gauche, l'entrée d'un bois ; à droite, des monticules où paissent des moutons.

Bois. Haut., 49 cent.; larg., 71 cent.

WOUWERMAN

(PHILIPPE)

59 — Le Cavalier endormi.

Dans une grotte taillée au milieu de rochers, un cheval blanc au repos et un homme endormi étendu sur une litière ; son chien est couché près de lui ; vers le fond, à droite, on aperçoit l'entrée de la grotte donnant sur un paysage montueux.

Charmant petit tableau signé du monogramme.

Bois. Haut., 23 cent.; larg., 29 cent.

WOUWERMAN
(PHILIPPE)

60 — Le Chasseur.

Dans un paysage accidenté avec chemin sinueux au centre. un chasseur entouré de ses chiens est monté sur un cheval blanc; il tient son fusil et se dispose à viser un oiseau : à gauche, un villageois se repose au pied d'un arbre qui s'élève au-dessus d'un monticule.

Signé du monogramme.

Bois, Haut., 27 cent ; larg., 34 cent.

WYNANTS
(JEAN)

61 — Paysage avec figures et animaux.

Un chemin sinueux où passe une femme portant une corbeille sur la tête ; à droite, un monticule surmonté d'arbres et de broussailles, quelques chèvres paissent; sur le devant, deux villageois se reposent avec leur chien; dans le fond, on aperçoit une construction ornée d'une tour.

Signé du monogramme.

Bois. Haut., 36 cent.; larg., 29 cent.

WYNTRACK

62 — Intérieur hollandais.

Une femme allaite un enfant; un homme cause avec elle et lui montre une cruche dont il paraît avoir vidé le contenu; un chat saisit des poissons dans un plat; à gauche, devant une fenêtre, un chaudron, un vase de cuivre, un chou, des carottes; sur une table, un poulet plumé près d'un panier de raisins; dans le fond, à droite, une étable avec deux vaches couchées; sur le devant, trois canards.

Beau tableau de l'artiste.

Bois. Haut., 60 cent.; larg., 82 cent.

ZORG

(HENRI-MARTIN)

63 — Le Musico hollandais.

Dans l'intérieur d'une tabagie hollandaise, un homme assis devant une table joue du violon; des villageois l'entourent et paraissent charmés; une femme assise en face de lui, un verre à la main, semble émerveillée; vers le fond, différents personnages se chauffent devant une cheminée,

Beau tableau de l'artiste.

Bois. Haut., 50 cent.; larg., 58 cent.

ÉCOLE ESPAGNOLE

64 — Légumes et oiseaux morts.

Un morceau de bœuf sur une assiette auprès d'une hure de sanglier; à gauche, deux volailles et des petits oiseaux dans une corbeille; à droite, un homme, debout, montre du doigt des légumes jetés à terre.

Toile. Haut., 136 cent.; larg., 180 cent.

ÉCOLE HOLLANDAISE

65 — Guirlande de fleurs et de fruits.

Entourant un médaillon ovale où se trouvent un cygne, un coq-dinde et deux geais dans un paysage.

Ce tableau porte au bas un monogramme illisible.

Toile. Haut., 165 cent.; larg., 115 cent.

ÉCOLE HOLLANDAISE

66 — Paysage et animaux.

Bois. Haut., 92 cent.; larg., 124 cent.

ÉCOLE ITALIENNE

67 — La Vierge vue en buste, les mains jointes.

Cadre italien en bois sculpté.

Toile. Haut., 54 cent.; larg., 42 cent.

TABLEAUX MODERNES

COOPER

(T. S.)

68 — Vaches au repos.

L'une est debout au bord d'une mare, deux autres sont couchées au pied d'un tronc d'arbre ; on aperçoit dans le fond des bestiaux paissant dans une prairie.

Beau tableau signé en toutes lettres et daté 1843.

Bois. Haut., 45 cent.; larg., 60 cent.

COURBET

(GUSTAVE)

69 — Le Chevreuil.

L'animal, mort, est suspendu par la patte à un arbre ; à droite, une mare à l'entrée d'un bois de sapins.

Signé en toutes lettres.

Toile. Haut., 185 cent.; larg., 125 cent.

DELIGNE

(ADOLPHE)

70 — Le Calcul.

Une jeune fillette, assise devant une table, tient une plume à la main et paraît étudier le calcul.

Signé et daté 1865.

Bois. Haut., 22 cent.; larg., 16 cent.

DELIGNE

(ADOLPHE)

71 — La Lecture.

Un jeune garçon, assis devant une table, tient un livre dont il tourne les feuillets.

Signé ei daté 1865.

Ce tableau a figuré au Salon de 1866 sous le numéro 541.

Bois. Haut., 22 cent.; larg., 16 cent.

DUSAUSSAY

(JULES)

72 — Paysage marécageux coupé par un cours d'eau.

Quelques canards, cachés dans des joncs, prennent leur vol.

Signé en toutes lettres et daté 61.

Toile. Haut., 55 cent.; larg., 95 cent.

GUDIN

(THÉODORE)

73 — Marine.

Le soleil est légèrement voilé par des nuages; on aperçoit dans le fond quelques bateaux à voiles; sur le devant, des Turcs, dans une chaloupe, font une promenade en mer.

Signé en toutes lettres.

Bois. Haut., 26 cent.; larg., 40 cent.

HOGUET

74 — Vue prise sur les bords de la Seine.

Plusieurs bateaux marchands sont amarrés sur les bords; vers le fond, l'église Notre-Dame; à gauche, des blocs de pierre de taille posés sur la berge.

Signé en toutes lettres.

Bois. Haut., 28 cent.; larg., 46 cent.

ISABEY

(EUGÈNE)

75 — Paysage.

Un pont de bois traverse un cours d'eau; sur les bords sont plantés quelques saules au tronc noueux; à gauche, un cheval et deux enfants accroupis à l'entrée du pont.

Signé en toutes lettres.

Bois. Haut., 32 cent.; larg., 45 cent.

LAUGÉE

(D.)

76 — Les Moissonneuses.

L'une d'elles se repose au premier plan, assise au bord d'un chemin : deux de ses compagnes, chargées de gerbes, marchent vers le fond.

Ce tableau a figuré au Salon de 1864 sous le numéro 1117.

Signé : D. LAUGÉE-NAUROY. 1863.

Toile. Haut., 73 cent.; larg., 95 cent.

LAYRAUD

77 — Berger des environs de Rome.

Assis devant une bergère, il dessine des moutons.
Signé en toutes lettres et daté 1861.

Toile. Haut., 183 cent.; larg., 143 cent.

MOUCHOT

(L.)

78 — Mosquée de Kaid-bey au Caire.

Différents personnages, assis au premier plan, font halte; auprès d'eux se tiennent les dromadaires dont ils viennent de descendre.

Ce tableau a figuré au Salon de 1863 sous le numéro 1360.

Signé en toutes lettres et daté 1863.

Toile. Haut., 130 cent.; larg., 96 cent.

WILLIOT

79 — **Paysage boisé et accidenté coupé par une
rivière.**

Toile. Haut., 83 cent.; larg., 174 cent.

DESSINS & AQUARELLES

BELLANGÉ

(HIPPOLYTE)

6 0 0   80 — Sujet tiré du roman de Don Quichotte.   6 10

Très-belle aquarelle signée en toutes lettres et datée :
Rouen, 1827.

Haut., 35 cent.; larg., 27 cent.

DORÉ

(GUSTAVE)

12 0 0   81 — Prise de la tour Solférino.   1 0 0 0

Les régiments français gravissent la côte que domine
la tour; sur une hauteur, à droite, l'empereur, entouré
de son état-major, suit les péripéties de l'attaque; au
premier plan gisent de nombreux blessés près des-
quels défilent des prisonniers.

Très-beau dessin au crayon noir rehaussé de blanc.

Haut., 60 cent.; larg., 100 cent.

LAJOUE

(JACQUES)

82 — Fontaine et escalier.

Projet pour une décoration de style rocaille.
Crayon noir.

LEMOINE

83 — Étude d'ornement.

Crayon noir.

OUDRY

(J. B.)

84 — Combat entre des éléphants, des tigres et
des lions.

Beau dessin au crayon noir sur papier bleu, rehaussé
de blanc.

OUDRY

(J. B.)

85 — Chien saisissant un canard qu'il a surpris
au bord d'une mare.

Dessin au crayon noir sur papier gris, rehaussé de
blanc.

OBJETS D'ART

86 — Un bas-relief en bois sculpté, représentant le Jugement dernier, dans un cadre noir et or.

Beau travail du xvii° siècle.

Haut., 84 cent.; larg., 100 cent.

87 — Vidrecome en ivoire avec couvercle et pied en bronze doré; autour, bas-relief représentant le triomphe de Bacchus enfant.

88 — Vidrecome en ivoire avec bas-relief représentant des chasseurs à cheval poursuivant des sangliers.

89 — Croix en bronze doré et cristal de roche avec plaque en lapis-lazuli et petit bas-relief d'ivoire.

Haut., environ 70 cent.

90 — Un Christ en ivoire, du temps de Louis XIV, sur fond de velours noir.

Cadre en bois sculpté et doré.

Haut. de l'ivoire, 50 cent.

91 — Un Christ en ivoire.

Travail très-fin du temps de Louis XIV.

Haut., environ 22 cent.

92 — Un chapelet.

Cristal de roche et argent.

93 — Plat en faïence, de forme ronde, avec riches ornements.

94 — Un bureau en marqueterie de cuivre, étain et écaille. Genre Boule.

MARBRES

PANDIANI
(CONSTANTINO DE MILAN)

95 — Moïse enfant foulant aux pieds la couronne de Pharaon.

Haut. de la statue, 95 cent.

96 — Groupe en marbre blanc.

Un jeune homme et une jeune fille, assis sur un tertre, ayant à leurs pieds un tambour de basque.

Haut., 1 mètre.

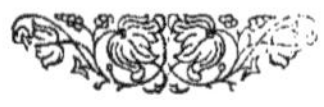